C
bienv

Geronimo Stilton

L'Écho du rongeur
Rédaction

Texte de Geronimo Stilton.
*Basé sur une idée originale d'*Elisabetta Dami.
*Coordination des textes d'*Isabella Salmoirago.
Coordination éditoriale de Patrizia Puricelli.
*Édition d'*Alessandra Rossi *avec la collaboration de* Viviana Donella.
Conseils de Carlo *et* Pietro Paccagnini.
Coordination artistique de Roberta Bianchi.
Assistance artistique de Lara Martinelli.
Couverture de Giuseppe Ferrario *(dessins)* *et* Giulia Zaffaroni *(couleurs)*.
Illustrations intérieures de Francesco Barbieri *(dessins)* *et* Christian Aliprandi *(couleurs)*.
Cartes : Archives Piemme.
Graphisme de Chiara Cebraro.
Traduction de Marianne Faurobert.

www.geronimostilton.com

Pour l'édition originale :
© 2010, Edizioni Piemme S.p.A. – Corso Como, 15 – 20154 Milan, Italie
sous le titre *S.O.S. c'è un topo nello spazio !*
International rights © Atlantyca S.p.A. – Via Leopardi, 8 – 20123 Milan, Italie
www.atlantyca.com – contact : foreignrights@atlantyca.it
Pour l'édition française :
© 2013, Albin Michel Jeunesse – 22, rue Huyghens, 75014 Paris
www.albin-michel.fr
Loi 49-956 du 16 juillet 1949 sur les publications destinées à la jeunesse
Dépôt légal : second semestre 2013
Numéro d'édition : 20880
ISBN-13 : 978 2 226 25089 6
Imprimé en France par Pollina s.a. en septembre 2013 - L65476

Geronimo Stilton

S.O.S. SOURIS EN ORBITE !

ALBIN MICHEL JEUNESSE

Deux têtes de reblochon en justaucorps noir

C'était une sombre nuit sans lune et je ronflais, TRANQUILLE, bien au chaud, la couette tirée jusqu'aux oreilles. Je faisais un rêve *merveilleux* : je flottais dans l'espace, HEUREUX, voguant parmi des astéroïdes de maroilles, des planètes de gruyère et des étoiles filantes de

mozzarella qui laissaient derrière elles de longs fils de fromage fondu.

Hélas, juste au moment où, ayant accosté sur l'un de ces petits astres de gruyère, je m'apprêtais à **planter** les dents dans un appétissant cratère fromageux, *quelque chose* me réveilla.

J'entendis un bruit métallique… Le **CLIC** d'une serrure qui jouait… puis le GRINCEMENT d'une porte qui s'ouvrait… et enfin des pas **FEUTRÉS**…

Scouiiit ! Quelqu'un venait d'entrer chez moi !

Je saisis le premier objet à portée de patte (*une pantoufle !*) et, en l'agitant bravement (*euh, pas tout à fait)*, j'allai dans le salon. Deux ombres rôdaient, furtives…

Je hurlai :

– AAAH !!!

Les ombres braillèrent :

– AAAAAAH !!!

Je hurlai de nouveau :

– AAAAAAAAAH !!!

Mon cri s'éteignit dans la nuit comme une radio aux piles déclinantes, puis je m'évanouis en me cognant la tête sur le parquet.

Je ne me réveillai qu'au matin, quand un RAYON de soleil me tomba sur le museau.
Je me levai péniblement, et je me frottai le crâne, au sommet duquel avait éclos une énorme BOSSE, me marmonnant à moi-même :

– Qui suis-je ? Où suis-je ? Quelle heure est-il ? Pourquoi ne suis-je pas dans mon lit ? Et, surtout, d'où vient cette ÉNORME bosse sur mon crâne ?
Puis, dans un effort terrible qui décupla mon mal de tête, je m'efforçai de répondre à mes questions.
– Bon… Mon nom est Stilton, *Geronimo Stilton*, et je dirige *l'Écho du rongeur*, le plus célèbre des journaux de l'île des Souris.
Je poussai un SOUPIR de soulagement : ce choc sur le crâne ne m'avait pas tout à fait étourdi !

C'est alors que je me souvins des deux **ombres** mystérieuses qui rôdaient chez moi la nuit précédente. Qu'avaient-elles donc pu me **VOLER** ?

Tout d'abord, j'allai voir si Hannibal, mon **poisson rouge**, se portait bien.

Je lui donnai une **PINCÉE** de sa nourriture favorite et il frétilla de la queue pour me saluer. **VIF** et **JOYEUX**, comme toujours !

Après quoi, j'inspectai ma collection de croûtes de fromages du XVIIe siècle.

J'y tiens beaucoup, parce que je les ai dénichées une à une sur les **ÉTALS** des brocanteurs et chez les antiquaires de Sourisia. Il n'en manquait pas une !

Ensuite, j'ouvris tiroirs et armoires pour vérifier que s'y trouvaient encore

les CADEAUX de mes amis, mes livres préférés, les pulls tricotés par tante Toupie… Par CHANCE, tout était à sa place !
Les rôdeurs n'avaient emporté aucune des choses qui me sont les plus chères.

Quant à l'argent… le portefeuille que j'avais laissé sur la table du séjour était lui aussi intact. ÉTRANGE !

Puisqu'elles ne m'avaient rien volé, que voulaient donc ces deux **TÊTES DE REBLOCHON EN JUSTAUCORPS NOIR** ?

Tout à coup, je compris ce qui s'était vraiment passé : je les avais EFFRAYÉES !
Oui, moi, Stilton en personne, *Geronimo Stilton*, le rongeur le plus trouillard de l'île des Souris, j'avais mis en fuite deux malfaiteurs !

J'étais un **HÉROS**, un *vrai héros* !

J'avais hâte de raconter ça à **tout le monde**.

Je courus aussitôt me préparer pour sortir, en chantonnant et en sifflotant, ravi. Dans le miroir de la salle de bains, il me sembla que j'avais une expression plus décidée, un **REGARD** plus fier, un poil plus… plus… plus héroïque !

C'est alors que le téléphone **SONNA** : c'était grand-père Honoré.

– Dis donc, gamin ! Où es-tu quand on a besoin de toi ? Sourisia est en état d'**ALERTE** et toi tu flemmardes à la maison ?!! Tu ne sais pas que, la nuit dernière, il y a eu une VAGUE de cambriolages dans toute la ville ?!

– Je le sais, grand-père, deux têtes de reblochon en justaucorps noir sont venues RÔDER chez moi. Je ne dormais pas, je me suis seulement évanoui, mais d'abord je les ai fait fuir ! J'ai agi en HÉROS, en *vrai héros* !

– Tu parles d'un *vrai héros* ! Tu n'es qu'un *vrai* FLEMMARD ! Heureusement que ta sœur Téa travaille aussi à *l'Écho du rongeur,* sans quoi ce serait un *vrai* désastre. À propos, je l'ai envoyée chez toi avec des instructions très PRÉ-CI-SES ! Tu dois résoudre le mystère des cambriolages et écrire un grand article pour demain, compris ? Ah, si je n'étais pas là pour veiller à la bonne marche de ce JOURNAL (*pendant que tu te la coules douce, comme d'habitude !*), je ne sais pas comment ça tournerait, petit nigaud FLEMMARD !

Puis il me raccrocha au museau, sans me laisser le temps de répondre.

POURQUOI…
POURQUOIIII…
POURQUOIIIIIII…
MON GRAND-PÈRE ME HOUSPILLE-T-IL TOUJOURS ?

Gronpf… Oups… Gniak… Chomp !

Mon grand-père m'avait mis le MORAL à zéro. Mais cette fois-ci j'allais lui montrer quelle souris fantasouristique j'étais ! J'écrirais un article au poil, et même au quart de poil ! En attendant l'arrivée de ma sœur Téa, j'entre-pris de me laver, de m'habiller et de m'of-frir un bon petit déjeuner.

Je sortis du placard des céréales CROQUANTES recouvertes d'un glaçage fromagé et du réfrigérateur un yaourt au gorgonzola. **Miammm !** Puis j'eus envie de m'of-frir l'un des biscuits que je garde pour les grandes occasions. Savourant d'avance le

CROUSTI-FONDANT à la cancoillotte, je mordis dedans et… je m'ABÎMAI une incisive ! *Raperlipopette, quel crousti-fondant…*

Au cœur du biscuit, bien enfoui dans la cancoillotte, se trouvait une ÉTRANGE capsule métallique contenant un ÉTRANGE billet sur lequel était écrit un ÉTRANGE message.

Ce billet était signé de mon ami l'agent secret Zéro Zéro K, mais il s'adressait à un certain Zéro Zéro G. Il devait y avoir une erreur…

Je m'interrogeai, **perplexe** :

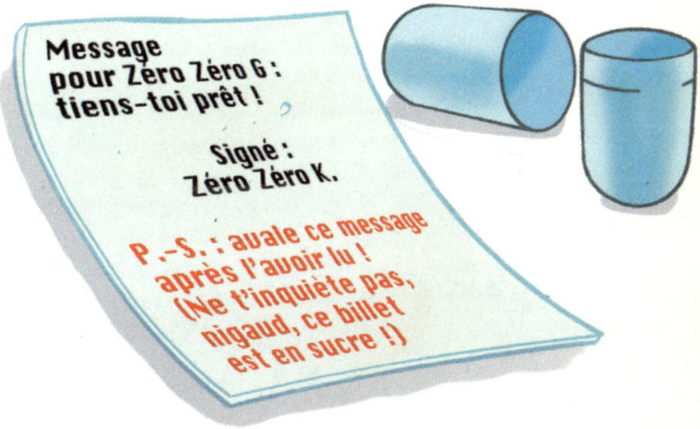

FICHE DE ZÉRO ZÉRO K

NOM : Kornelius Van Der Kankoïe.

NOM DE CODE : ZÉRO ZÉRO K.

PROFESSION : agent secret du gouvernement de l'île des Souris.

QUI EST-CE? : un ancien camarade de classe de Geronimo Stilton.

COMMENT IL EST DEVENU AGENT SECRET : tout le monde croit que Kornelius est un noblerat passionné par l'art et les voitures de course. Personne ne sait de quelle manière il est devenu agent secret, mais il travaille pour le gouvernement de l'île des Souris depuis fort longtemps, et il a mené à bien de très dangereuses missions dans le monde entier!

SIGNES PARTICULIERS : il porte toujours un smoking hyperaccessoirisé, et des lunettes de soleil de jour comme de nuit!

CURIOSITÉ : il invente des moyens saugrenus et énigmatiques pour communiquer, afin d'être certain que ses messages ne seront pas interceptés.

FICHE DE ZÉRO ZÉRO G

NOM : Geronimo Stilton.

NOM DE CODE : Zéro Zéro G.

PROFESSION : directeur en chef de «l'Écho du rongeur» et agent secret (bah!).

COMMENT IL EST DEVENU AGENT SECRET : les Puissants Services Secrets Sourisiens Top secret avaient découvert qu'on s'apprêtait à dérober la Super Ratocoupe, le trophée d'un tournoi de golf. Ils ont décidé d'utiliser Geronimo (à son insu) lors de la mission destinée à empêcher le vol et, étant donné ses excellents résultats, ils l'ont nommé agent secret du gouvernement de l'île des Souris.

SIGNES PARTICULIERS : c'est un vrai trouillard, et quand il est en danger, il s'évanouit de terreur (bah!).

CURIOSITÉ : il se retrouve toujours impliqué sans le vouloir dans des missions très secrètes qu'il résout immanquablement et avec brio (bah!).

mais qui est donc ce Zéro Zéro G ? Je ne connais personne de ce nom-là ! Lorsque tout à coup je me souvins que Zéro Zéro G, c'était moi ! Quelque temps auparavant, j'étais devenu moi aussi un agent secret* et Zéro Zéro G était mon nom de code, comment avais-je pu l'oublier ?

Je commençais déjà à m'inquiéter des dangers qui m'attendaient, quand SOUDAIN ma sœur Téa entra dans ma cuisine (elle a les clefs de chez moi !). Je fourrai vite fait le billet dans ma bouche et me mis à le mâcher (**miamm !** Il était en effet en sucre, mais ça collait aux dents !), tout en BAFOUILLANT :

– *Euh… Gronpf… Oups… Gniak… Chomp !*

Téa me demanda, soucieuse :

– Gerry, tu te sens bien ? Tu m'as l'air tout BIZARRE…

* Je raconte cette aventure dans *Qui a volé le diamant géant ?*.

J'avalai (*gloup !*) et je répondis :

– Merci, Téa, je vais très bien… Excuse-moi, j'avais… euh… la bouche pleine !

– Gerry, tu m'as l'air vraiment BIZARRE ! Mais je n'ai pas de temps à consacrer à tes bizarreries ! La nuit dernière, à Sourisia, il y a eu des cambriolages en série. Commis, semble-t-il, par deux **TÊTES DE REBLOCHON EN JUSTAUCORPS NOIR**…

Puis elle me colla sous le museau une photo que la POLICE de Sourisia avait envoyée au journal. Je m'ÉCRIAI :

– Je les reconnais ! Ils ont tenté de cambrioler ma maison. Mais je les ai mis en fuite !

– Quoi ? Ils sont entrés chez toi aussi ? Et toi, tu les as fait FUIR ? Bravo, Geronimo, tu as agi comme un héros, un *vrai héros*. Dommage que…

– Dommage que ?

– Dommaaage que…

– Dommage que… que quoi ?

– Dommaaaage que…

– Et allez, dis-le, quoi ! Tu m'énerves !

– Dommage que… cette nuit, *probablement*, ces deux canailles reviendront terminer ce qu'elles ont commencé ! À ta place, je ne dormirais que d'un œil, et même d'aucun !

J'étais à présent affreusement inquiet :

– Merci, Téa, cette nuit, je ne dormirai *probablement* pas du tout.

– Bravo, c'est bien ! Mais pour le moment, n'y pense pas. Mets-toi au **travail**. Grand-père veut que tu écrives un article pour la une de *l'Écho du rongeur* ! J'ai déjà une idée du titre : **GERONIMO STILTON : UN HÉROS, UN VRAI HÉROS !**

Puis elle partit à fond de train, comme elle était arrivée. J'essayai de rédiger mon article, mais j'avais du mal à me concentrer. Je ne cessais pas de penser à ces deux fripouilles en **JUSTAUCORPS NOIR** qui allaient *certainement* revenir chez moi.

SCOUIT, QUELLE FROUSSE FÉLINE ! Je me mis à trembler, pâle comme un **PETIT-SUISSE**. *Un héros, un vrai héros, tu parles !*

Pour me calmer, j'allai à la fenêtre et je m'efforçai d'inspirer **LONGUEMENT**. C'est alors que je remarquai une chose curieuse : d'immenses panneaux publicitaires affichant de voyantes INSCRIPTIONS orange avaient surgi partout. Il y en avait un juste devant ma fenêtre…

Je me claquai la patte sur le front : mais bien sûr, un ANTIVOL ! C'était une excellente idée ! Je composai aussitôt le numéro de téléphone de la société FUTIX. Je tombai sur un répondeur :
« Bonjour, nous sommes absents pour le moment. Nous installons des antivol Futix, les antivol malins pour rats futés ! Laissez-nous un message et nous vous rappellerons dès que possible. CLIC ! »
Je laissai un message :
– Mon nom est Stilton, *Geronimo Stilton*. Je voudrais installer chez moi un de vos antivol. Faites VITE, ou plutôt très VI…

PEUR DES VOLEURS ?

Je n'eus pas le temps de terminer ma phrase, car quelqu'un **FRAPPA** à la porte de chez moi. J'allai ouvrir et je vis sur le seuil une souris aux soyeux cheveux blonds, **MINCE** et élégante, vêtue d'un sobre complet noir et portant de **MYSTÉRIEUSES** lunettes de soleil.

Au revers de sa veste était épinglé un badge sur lequel était écrit **FUTIX** ct dcssous, en plus petit, **Faustine des Futaies**.

J'étais époustouflé ! Quelle rapidité ! **QUELLE EFFICACITÉ !**

La société Futix était le top du top !

Je fis entrer mademoiselle Faustine dans mon salon. Elle m'adressa un *sourire* charmant et compréhensif, puis elle me montra un catalogue complet des **SYSTÈMES ANTIVOL** les plus sophistiqués.

– Vous avez bien fait de nous appeler, **CHEEER** monsieur Stilton ! Vous verrez, cette nuit, vous dormirez tranquille : avec nos super antivol satellitaires, nous garderons tout sous contrôle ! Plus personne n'entrera chez vous, **CHEEER** monsieur Stilton ! Et comme vous êtes notre millième client, nous vous offrons trois appareils pour le prix de deux !

En moins de dix minutes, mademoiselle Faustine me persuada d'acheter tout le contenu du catalogue et me fit signer un chèque astronomique à donner le tournis.

Tout ahuri, je répétais :

– Bien sûr, *mademoiselle Faustine*, merci, *mademoiselle Faustine*, faites donc, *mademoiselle Faustine*...

Tandis que je signais, elle insistait :

– SIGNEZSIGNEZSIGNEZ, CHEEEER MONSIEUR STILTON ! Vous verrez, cette nuit, vous dormirez tranquille. Plus personne n'entrera chez vous !

Dès que j'eus signé, elle s'EMPARA du

contrat, le rangea, téléphona, et deux minutes plus tard les ouvriers de la société **FUTIX** étaient là.

Ils installèrent : **75** détecteurs à infrarouges (*sur les fenêtres et les portes, y compris celles des armoires et du réfrigérateur !*) ; **93** capteurs capables de repérer la présence d'êtres vivants dans la maison ; **38** caméras vidéo (*3 dans chaque pièce !*) ; **1** porte blindée ; **15** stores électriques en titane super renforcé ; **7** méga sirènes vrille-tympans.

Pour entrer chez moi, il fallait se soumettre à :

- un contrôle des empreintes digitales,
- un examen du pelage (couleur et texture) avec traitement antipuces incorporé,
- une mesure de la longueur de la queue,
- un examen complet des moustaches,
- un système de reconnaissance vocale.

SYSTÈMES ANTIVOL

QUE FUTIX A INSTALLÉS CHEZ MOI !

1) **détecteur à infrarouges**

2) **capteur capable de repérer la présence d'êtres vivants dans la maison**

3) **caméra vidéo**

4) **porte blindée**

5) **store électrique en titane super renforcé**

6) **méga sirène vrille-tympans**

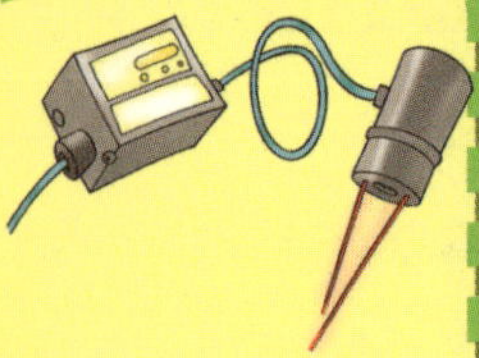

1) Signale le moindre mouvement

2) Même un insecte ne peut lui échapper !

3) Filme tout ce qui se passe… partout !

4) Le plus petit moustique n'entre pas chez moi !

5) Silencieux, fiable et garanti anti-effraction !

6) Audible même avec un bouchon de fromage dans les oreilles !

Tout était connecté par satellite au centre opérationnel de FUTIX, où un employé contrôlerait 24 HEURES SUR 24 qu'aucun voleur ne rôdait dans la maison !

Ils partirent à la nuit tombée. J'écrivis d'un seul jet mon article pour *l'Écho du rongeur* et l'envoyai par courrier électronique à la rédaction. Je conseillais à tous les habitants de Sourisia d'installer des SYSTÈMES ANTIVOL pour décourager ces brigands qui s'amusaient à effrayer les rongeurs honnêtes. Enfin, complètement FOURBU, mais satisfait, je grignotai un morceau et j'allai me coucher…

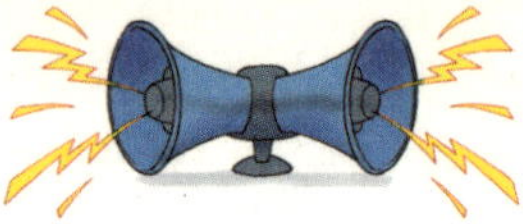

PAR MILLE MIMOLETTES, CE RAT, C'ÉTAIT MOI !

Je me sentais enfin en sécurité et j'étais sûr de dormir **TRANQUILLE** cette nuit-là !

Hélas, je me trompais lourdement ! Vers 23 heures, une des méga sirènes vrille-tympans se mit en route :

OOOUUIIIIIIIIINN!!!

J'allai voir : Hannibal, mon **poisson rouge**, avait le hoquet. Cela avait suffi à déclencher l'alarme. Admiratif, je me dis : **« Raperlipopette, ce qu'elle est sensible ! »**

À minuit, les stores électriques en titane se mirent à rouler de HAUT en BAS dans un fracas épouvantable. Un pigeon avait laissé un petit cadeau sur le rebord de la fenêtre et le système s'était déclenché.

Agacé, je me dis : **« Raperlipopette, il est trop sensible ! »**

Je me remis au lit. Peu après, les stores recommencèrent à rouler de HAUT en BAS : un tramway était passé dans ma rue. Comme je tentais de les bloquer, ils me coincèrent la queue, m'écrasèrent une PATTE et me rebondirent plusieurs fois sur le crâne.

Le lendemain, à l'aube, je me levai épuisé. Je me traînai dans le couloir sous le regard des caméras vidéo qui ronronnaient : bzzzzzzzzzrrt-chak ! Sans y prendre garde, je me grattai le ventre, puis je m'étirai et poussai un énorme bâillement d'hippopotame. Enfin (*eh oui, je dois l'avouer !*), je me mis les doigts dans le nez ! L'espace d'un instant, j'avais oublié mes bonnes manières… Mais je m'en aperçus aussitôt et j'ôtai tout de suite mes doigts de là. Je ROUGIS jusqu'à la pointe des oreilles, même si personne, heureusement, ne m'avait vu. *C'est du moins ce que je croyais !*

Peu après, j'allumai la télévision pour regarder le premier bulletin du matin. Le présentateur annonça :
« Et maintenant, un reportage EXCLUSIF sur la vie des chimpanzés ! »
Mais sur l'écran apparut un gars, *ou plutôt un rat*, qui se grattait le ventre et (*horreur !*) se mettait les doigts dans le nez. *Par mille mimolettes...* ce rat, c'était moi !

Bouche bée de STUPEUR, je titubai sous le choc en piquant un fard. Ils avaient DIFFUSÉ les images filmées par les caméras vidéo de mon système antivol ! J'attrapai mon téléphone pour PROTESTER contre ces gros malins de la société Futix qui m'avaient installé ces engins ABSURDES. C'est un répondeur téléphonique qui me répondit :

« Nos bureaux sont fermés. Laissez votre message et nous vous rappellerons dès que possible.

Bipppppppppppppppppppppppppp!

De rage, j'en mordis le combiné de mon téléphone.

Puis je décidai de me **préparer** un bon petit déjeuner pour passer le temps en attendant l'ouverture des bureaux.

Entre-temps, à la télévision, le présentateur **BAFOUILLAIT**, embarrassé :

« Nous sommes navrés de cet incident **TECHNIQUE**... Et maintenant, notre reportage sur les chimpanzés ! »

Mais à l'écran je vis apparaître : Belinda Souraton (l'épouse du maire) avec des **bigoudis** sur la tête !

Puis Psipsitt Rattaz (journaliste aux *Potins*) avec deux rondelles de **CONCOMBRE** sur les yeux. Bah ?!

Et enfin Sally Rasmaussen (ma **CONCURRENTE**, la directrice de *la Gazette du rat*)

faisant de la gymnastique avec un ridicule tutu fuchsia !

Elles aussi avaient été filmées à leur insu par les caméras vidéo de leurs systèmes antivol et leurs images avaient été DIFFUSÉES par la principale chaîne de télévision de la ville ! J'étais sidéré : que se PASSAIT-il à Sourisia ? Et, surtout, pourquoi ?

Tandis que ma cervelle moulinait en vain, cherchant des réponses à ces questions, j'ouvris le RÉFRIGÉRATEUR et me versai un bon bol de lait. Mais de la brique surgit un petit bateau de plastique qui se mit à FLOTTER tranquillement dans mon bol.

Un petit bateau ? Comment était-il arrivé là ? Et, surtout, qui l'y avait mis ?

Je le soulevai et je vis qu'il contenait un petit billet ENROULÉ : c'était un autre message de Zéro Zéro K !

> **Zéro Zéro G, ouvre ta porte et sors tout de suite de chez toi ! Et dépêche-toi, j'ai dit : tout de suite ! Signé : Zéro Zéro K.**
>
> **P.-S. : détruis ce message après l'avoir lu. Mais ne le mange pas, nigaud, c'est du papier !**

Je couinai, exaspéré :

– **ASSEZ DE PETITS BILLETS ! JE N'EN PEUX PLUS DE CES PETITS BILLETS !**

Cependant, j'obéis : je déchirai le billet en morceaux petits comme des confettis et les jetai à la poubelle. Puis j'ouvris ma porte et je sortis.

P.S.S.S.T.

Garée juste devant chez moi, il y avait une immense et luxueuse voiture SOMBRE, aux vitres SOMBRES, un chauffeur vêtu d'un élégant uniforme SOMBRE au volant. Soudain, une de ses portières s'ouvrit, *quelque chose* m'ATTRAPA par le pyjama et me tira à l'intérieur.

Épouvanté, je hurlai :

– Au secoooours ! Lâchez-moi ! J'AI UNE MISSION URGENTE ! ET PUIS JE NE PEUX PAS VOUS SUIVRE... JE SUIS EN PYJAMA !

Mais *quelque chose* me flanqua sur les sièges de cuir noir et ferma la portière. Clac !

Je frappai sur la vitre qui me séparait du chauffeur.

– Arrêtez-vous immédiatement ! JE VOUS LE RÉPETE, JE NE PEUX PAS VOUS SUIVRE... JE SUIS EN PYJAMA !

Le chauffeur me répondit d'une étrange voix mécanique :

– Dé-so-lé, Mon-sieur. L'i-ti-né-rai-re a é-té pro-gra-mmé. Im-po-ssi-ble de le mo-di-fier.

J'insistai :

– Excusez-moi, vous ne m'avez pas bien compris. Vous devez me laisser rentrer chez moi. Je ne peux pas vous suivre… **JE SUIS EN PYJAMA !**

Le chauffeur ne m'écouta pas.

– Dé-so-lé, Mon-sieur. L'i-ti-né-rai-re a é-té pro-gra-mmé. Im-po-ssi-ble de le mo-di-fier.

Puis il tourna la tête vers moi… Il la tourna tellement que je poussai un HURLEMENT !

Elle avait pivoté de 180 degrés pile !

Il me fixa et me fit un sourire cordial, mais un peu *artificiel*. J'écarquillai les **YEUX**…

Vous parlez d'un sourire *artificiel*... C'est le chauffeur lui-même qui était *artificiel* ! *On ne peut plus artificiel !*

Je n'avais pas du tout envie d'être embarqué on ne sait où par un chauffeur artificiel !

Je glapis, terrorisé :

– **Je veux desceeeeennnndre !**

Imperturbable, il répéta :

– Dé-so-lé, Mon-sieur. L'i-ti-né-rai-re a é-té pro-gra-mmé. Im-po-ssi-ble de le mo-di-fier. Tai-sez-vous main-te-nant, Mon-

sieur ! Dé-but de la co-mmu-ni-ca-tion se-crè-te dans cinq se-con-des… qua-tre… trois… deux… un… Click !

MESSAGE URGENT POUR ZÉRO ZÉRO G

Arrête tout de suite de couiner ! J'ai dit : tout de suite ! Tu es en mission secrète ! Tiens-toi correctement, compris ? Enfile les vêtements rangés sous le siège (tu ne pourras plus te plaindre d'être en pyjama) et boucle-la ! Notre système de transport secret télécommandé va t'emmener tout droit à la base des P.S.S.S.T. P.S.S.S.T. comme Puissants Services Secrets Sourisiens Top secret, et comme Poltron, Si tu glapis une Seule Seconde, gare à Toi ! Compriiis ?

Parole de Zéro Zéro K

– Fin de la co-mmu-ni-ca-tion se-crè-te… Click !

Je décidai d'obtempérer.

Je trouvai les vêtements sous le siège et

QUELQUES-UNS DE NOS TRUCS D'AGENT SECRET

les enfilai illico. Puisque j'étais en mission SECRÈTE pour les **P.S.S.S.T.**, je ne pouvais pas rester en pyjama !
On dit que « l'habit ne fait pas le rat », mais dès que j'eus revêtu ma tenue d'AGENT SECRET, je me sentis beaucoup mieux.

PLUS SÛR DE MOI !
PLUS COURAGEUX !!
PLUS FORT !!!
ET BEAUCOUP,
BEAAUUUCOUP,
BEAAAUUUCOUP PLUS
SÉDUISANT...

Je cherchai mon reflet dans le rétroviseur pour admirer mon **ALLURE**. Je redressai mon nœud papillon, **SATISFAIT**.

– Hummmm, pas mal !

Juste à cet instant, la limousine **PILA** et je fus projeté en avant.

Je protestai vivement :

– Hé ! Faites ATTENTION !

Inébranlable, le chauffeur répondit :

– Dé-so-lé, Mon-sieur. L'i-ti-né-rai-re a é-té pro-gra-mmé. Im-po-ssi-ble de le mo-di-fier. Fin de la cour-se. Au re-voir.

Puis la ceinture se défit, un bras **MÉCANIQUE** m'attrapa par la veste et me balança dans un container plein d'ordures NAUSÉABONDES. Après quoi, le fond du container s'ouvrit et je **dégringolai dégringolai dégringolai dégringolai dégringolai**...

MISSION SECRÈTE, ET MÊME SUPER SECRÈTE !

... **dégringolai** dans un étrange tube de plastique transparent, pendant un temps interminable, avant de me cogner l'arrière-train sur un sol de **MARBRE** très dur. **BAOUM !** Ouille, quel choc !

À en juger par les relents de poisson et les arêtes MALODORANTES qui remplissaient le container, je devais me trouver quelque part sous le port de Sourisia. Mais je ne peux pas vous en dire davantage, quel genre d'agent secret serais-je, sinon ? Un SECRET est un SECRET…

Je tentais de me NETTOYER de tous ces détritus fétides, quand je remarquai que la pièce était pleine de rongeurs habillés comme moi : c'étaient tous des AGENTS SECRETS !

Je me trouvais probablement dans la base secrète du P.S.S.S.T. !

Parmi ces rongeurs, j'en reconnus un aux épaules CARRÉES, à l'allure fière et au regard impénétrable (*forcément, il portait des lunettes noires !*) : c'était Zéro Zéro K !

Il haussa un SOURCIL et souleva le coin de

sa bouche d'un millimètre : c'était sa façon de m'adresser un sourire cordial.

Je lui tendis la patte.

– Moi aussi, je suis content de te voir, Kornel… hem… Zéro Zéro K !

Puis, en ROUGISSANT jusqu'à la pointe des oreilles, je m'aperçus qu'à côté de lui se tenait Zéro Zéro V, sa très charmante sœur. Mais elle s'éloigna avant que je la salue, tandis que Zéro Zéro K me saisissait la patte et me la broyait.

– Bienvenue, Zéro Zéro G. Et maintenant, trêve de bavardages ! (*Quels bavardages ? il n'avait pas ouvert la bouche !*) Mettons-nous au travail !

Nous nous assîmes AUTOUR d'une table de cristal, devant laquelle trônait un énorme écran.

À la place d'honneur siégeait le Grand Chef des P.S.S.S.T., qui, l'air sombre, annonça :

– La situation est grave, et même très grave.

Tous opinèrent du chef, sérieux. J'étais le seul à n'y comprendre croûte. Je me permis donc de demander TIMIDEMENT :

– Pourquoi ? Que se passe-t-il ?

Ils se tournèrent tous vers moi, haussant tous ensemble un SOURCIL. Le Grand Chef poursuivit, l'air plus sombre :

– Quelque chose de grave va se produire… Une chose liée à la vague de

cambriolages dans la ville et aux systèmes antivol défaillants… Bref, une menace terrible pèse sur Sourisia !

À ces mots, épouvanté, je m'écriai :

– NOUS DEVONS AGIR TOUT DE SUITE !

C'est à ce moment précis que l'énorme écran plasma s'alluma… Une MENAÇANTE silhouette masquée apparut et l'on entendit une MENAÇANTE voix rauque faire une MENAÇANTE déclaration :

– Rongeurs de Sourisia, vous êtes en mon pouvoir ! Depuis mon satellite SECRET (*inutile de le chercher, vous ne le trouverez jamais !*), je contrôle tous les systèmes d'alarme de la ville et tous les réseaux informatiques et de communication. Vous avez une semaine pour me procurer une MONTAGNE de lingots d'or ! Et veillez à ce qu'elle soit bien haute, sinon, tant pis pour vous !

Puis la silhouette éclata d'un rire lugubre et glaçant :

– NIARK ! NIAARK ! NIAAARK !

Lorsque le rire cessa, le Grand Chef reprit la parole :

– Mesdames et messieurs, comme l'a dit l'intrépide Zéro Zéro G, il nous faut agir, et tout de suite ! Qui part avec lui ?

L'INTRÉPIDE ZÉRO ZÉRO G !

« L'**INTRÉPIDE** Zéro Zéro G » ?
Personne ne m'avait encore jamais appelé ainsi ! Si je n'avais pas été occupé à **TREMBLER** comme un flan au fromage blanc, je me serais boursouflé d'orgueil tel un **SOUFFLÉ** au parmesan !

Aussitôt, Zéro Zéro K haussa le sourcil gauche et s'exclama :

– Moi, je ***PARS*** avec lui !

L'instant suivant, je sentis un parfum raffiné et inimitable... C'était bien celui de Zéro Zéro V ! Elle vint s'asseoir à côté de moi et, avec son flegme habituel, déclara :

– Moi aussi, je ***PARS*** avec lui !

J'allais demander «**PARTIIIIR ? MAIS OÙ ÇA ?** », quand le Grand Chef se leva et annonça :
– Bien, vous **PARTIREZ** dès la fin de l'entraînement : le lancement est prévu dans trente-six heures exactement. Bonne chance !
Puis il appuya sur un bouton et nos trois sièges s'**ENFONCÈRENT** dans le sol.
Peu après, nous « atterrîmes » dans une **ÉTRANGE** salle pleine d'**ÉTRANGES**

machines, où vinrent nous accueillir deux ÉTRANGES rongeurs au sourire cordial.

– Je suis le professeur Raternic, et voilà mon assistant, Ratovitz ! Nous allons nous occuper de votre ENTRAÎNEMENT pour vous préparer au lancement…

Je m'écriai :

– Mais… quel lancement ?

Zéro Zéro K haussa un SOURCIL.

– Ne me fais pas HONTE, Zéro Zéro G ! Rappelle-toi que tu es un agent des P.S.S.S.T. ! P.S.S.S.T. comme Poltron, Si tu hurles une Seule fois, une Seule, gare à Toi !

– Je préférerais P.S.S.S.T. comme Pitié, je Suis Seulement une Souris Tranquille !

Puis, me rendant compte que Zéro Zéro V m'observait, je tentai de me SOUVENIR de l'expression de *vrai héros* que je m'étais donnée la veille devant le miroir. Mais ce ne fut pas une réussite, car, hélas, le professeur Raternic répondit à cet instant à ma question :

– Zéro Zéro G, tu n'as pas encore compris ? Je parlais du LANCEMENT de la navette spatiale Ratollo 6 avec laquelle vous devrez retrouver et neutraliser le SATELLITE que ce scélérat utilise pour contrôler Sourisia. Il ne reste plus que trente-quatre heures et cinquante-cinq minutes avant le LANCEMENT. Le compte à rebours a déjà commencé !

À ce moment-là, je ne résistai plus et je m'évanouis !

Salle de réunion
Infirmerie
A I F V
K A L V O
Salle des machines
Buanderie

LA BASE SECRÈTE DES P.S.S.S.T.
Laboratoire d'analyses
Bassin d'immersion
Simulateurs spatiaux

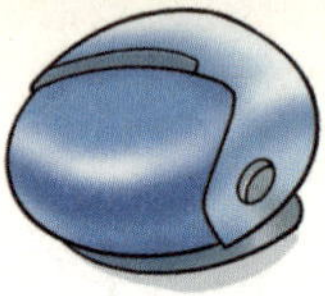

JE N'AI PAS L'ÉTOFFE D'UN ASTRONAUTE !

J'ouvris bien vite les yeux, car Zéro Zéro K me collait de grandes baffes tandis que Zéro Zéro V m'ÉVENTAIT avec un mouchoir parfumé à l'essence de mozzarella.

– *Par mille secrets top secret !* Courage, Zéro Zéro G ! Pense à tous ces pauvres rongeurs en danger.

Zéro Zéro V avait raison ! Je devais me secouer, pour mes **amis**, pour ma ville… Alors je me dis que je ne pouvais plus reculer et je me levai. La tête me tournait, mais, décidé, je dis :

– O.K., je suis prêt. Que dois-je faire ?

Avant que je change d'idée, Raternic m'attrapa par une manche et m'entraîna.

– Tu viens avec moi, bleusaillon ! Tu entames illico un programme **SUPER** concentré de **SUPER** entraînement pour **SUPER** astronautes !

Je protestai :

– Mmmais... et eux ?

– Eux sont déjà entraînés !

Et ce fut le début des **ENNUIS**.

Pour commencer, je fus soumis à une visite médicale **ULTRARAPIDE**.

En un instant, je fus entouré d'une meute de rongeurs en blouse blanche, qui m'examinèrent de la pointe des oreilles à l'extrémité de la queue, en secouant la tête et en marmonnant, perplexes :

– Hummm... **Il est un peu faiblard !**

– Bah... Va-t-il y arriver ?

– Mmm… À mon avis, il va claquer !
– Bof… **Il est vraiment un peu faiblard !**
L'un des médecins déboula en agitant les résultats de mes analyses ultrarapides.
– Messieurs, les analyses sont formelles ! L'agent Zéro Zéro G n'est pas **un peu faiblard**… *c'est un cas désespéré !*
Je tentai alors de me **DÉFILER** :
– Vous avez entendu ? C'est lui qui le dit… je suis un cas **DÉSESPÉRÉ** ! Je n'ai pas l'étoffe d'un astronaute ! Salutaurevoirtoutlemondeetmercipourtout !

Je n'aime pas du tout la façon dont ces médecins me lorgnent !

Quoi ?! Je dois avaler cette super giga gélule ?!

Mais Raternic m'empoigna par la queue.

– Qu'est-ce que tu t'imagines ? Le Grand Chef a dit : « REMETTEZ-le en FORME et envoyez-le dans l'espace ! » et on ne discute pas avec le Grand Chef : on va s'occuper de toi !

En effet, ils s'OCCUPÈRENT de moi… et comment ! Ils me firent avaler un énorme BREUVAGE bourré de vitamines et de giga gélules. Ils me firent même une injection fortifiante avec une seringue géante ! Je poussai un tel hurlement qu'on l'entendit jusque sur Mars !

Le breuvage a une odeur vraiment épouvantable !

Une seringue géante, au secours !!!

Mais ce n'était que le début de mes ennuis : juste après, j'ai commencé un entraînement SUPER concentré pour astronautes. Ce fut un véritable et total… SUPER désastre ! D'emblée, Raternic me dit, l'air sévère :

– BLEUSAILLON, tu dois savoir que pour devenir astronaute il faut : un physique ATHLÉTIQUE (*et de ce côté-là tu n'es pas gâté !*) ; un diplôme de sciences (*on n'a pas besoin d'écrivaillons dans ton genre dans l'espace !*) ; une excellente maîtrise des langues ÉTRANGÈRES (*comment t'en tires-tu en anglais ? Et, tiens, en russe, en chinois et en japonais ?*) ; n'avoir peur de rien (*et toi, je suis prêt à le parier, tu as peur de tout !*) ; de grandes capacités d'adaptation…

Je l'INTERROMPIS :

– Eh bien, justement, l'adaptation, c'est mon

point fort ! Euh, je pourrais m'en tirer… enfin, ça dépend… mais d'adaptation à quoi ?

– À la vie dans l'espace, BLEUSAILLON ! Et j'oubliais : en général, pour devenir astronaute, il faut trois ans d'ENTRAÎNEMENT, mais pour toi, BLEUSAILLON (*toi qui es un cas désespéré*), on dispose de moins de deux jours, et donc…

– Donc ?

– Donc…

– Donc quoi ???

– Donc il est bon que tu le saches, BLEUSAILLON : je ne sais pas si tu en reviendras vivant !

Je ne m'ÉVANOUIS pas, car à ce moment-là nous croisâmes dans le couloir Zéro Zéro V et qu'elle s'exclama :

– **ON SE REVOIT DANS L'ESPACE, MON HÉROS !**

Je cherchai de nouveau à me RAPPELER quelle était cette expression de *vrai héros* que je m'étais donnée la veille devant le miroir, mais il ne me vint qu'une mine de *vrai nigaud.*

Pourquoipourquoipourquoi suis-je si empoté ? Raternic me pinça.

–Réveille-toi, BLEUSAILLON, ce n'est pas le moment de tortiller ! Au programme : **12 heures** d'entraînement en piscine avec la combinaison spatiale pour **ESSAYER** de t'apprendre à bouger dans l'espace (*mais tu es si pataud, ce n'est pas gagné !*) ; **12 heures** de vols paraboliques pour **ESSAYER** de t'habituer à l'apesanteur (*mais tu es un*

SE DÉPLACER DANS L'ESPACE

C'est très particulier, car dans l'espace on n'est pas soumis à l'attraction terrestre. Pour s'y préparer, les astronautes se livrent à d'intenses exercices dans des bassins d'immersion, l'eau étant le meilleur élément sur la Terre pour simuler l'état d'apesanteur.

peu faiblard, ce n'est pas gagné !); **8 heures** de navigation aérospatiale simulée pour **ESSAYER** de t'apprendre à piloter (*mais tu es si empoté, ce n'est pas gagné !*).

Je protestai :

– Pfff ! Je n'ai pas l'étoffe d'un ASTRONAUTE ! Et puis ce programme est terrible ! Pas de pause-repas, j'imagine ?

– Non, ce n'est pas prévu.

– Et le goûter ?

– **NON PLUS.**

– Et l'en-cas ? Le petit somme ? La récré ?

– **N'EN PARLONS MÊME PAS.**

– Et la pause, euh… pour faire pipi ?

– Bon, ça, d'accord, mais en vitesse ! Pas de temps à perdre, BLEUSAILLON ! *Même si tu es un cas désespéré*, je dois faire de toi un super astronaute en trente-deux heures !

MES TRENTE-DEUX HEURES DE SUPER ENTRAÎNEMENT

1) ENTRAÎNEMENT EN PISCINE

Vêtu d'une combinaison spatiale, je dus réparer un astronef factice en flottant dans les eaux d'une piscine!
Scouit! J'étais aussi à l'aise qu'un pingouin dans le désert!

2) ENTRAÎNEMENT À L'APESANTEUR AVEC LES VOLS PARABOLIQUES

L'avion s'éleva à 45 degrés pendant trente secondes et une pression terrible m'écrasa contre le siège! Puis le pilote coupa les moteurs, l'avion tomba en chute libre et je me mis à flotter, en apesanteur! Il redémarra et s'éleva de nouveau, et ainsi de suite pendant douze heures d'affilée!
Scouit! J'avais l'impression d'être coincé dans un mixeur!

3) Simulation de pilotage d'astronef

Je dus m'exercer durant huit heures à piloter un astronef au moyen d'une sorte de jeu vidéo très compliqué. À un moment, je fus même bombardé d'une fausse pluie d'astéroïdes. Je m'en emmêlai les pattes, scouit !

Cinq, quatre, trois, deux, un…

Trente-deux heures plus tard, Raternic me dit :
– Assez d'entraînement, BLEUSAILLON. Maintenant, c'est pour de vrai !
Je protestai, en proie à la PANIQUE :
– Mais je ne me sens pas prêt, moi ! Je m'entraînerais bien encore un peu… Deux ou trois cents ans de plus, par exemple.
Mais il répondit, INFLEXIBLE :
– Impossible : le lancement a lieu dans trois heures !
Et c'est ainsi que, les genoux en COTON et les moustaches vibrantes de stress, je me pressai jusqu'à la rampe de lancement souter-

raine, où m'attendaient Zéro Zéro K et Zéro Zéro V, entourés de tous les autres agents du **P.S.S.S.T.** Le Grand Chef aussi était là, en pelage et en moustaches, et il s'exclama :

– Agent Zéro Zéro G, nous comptons sur toi. Va, et reviens en vainqueur !

Je tentai encore de me rappeler quelle était cette **EXPRESSION** de *vrai héros* et, cette fois-ci, j'y parvins. Alors je répondis, tout fier :

– **Je ferai de mon mieux, garanti au fromage !**

Puis j'entrai dans Ratollo 6, pris place sur un siège et attachai mes ceintures. Je m'efforçai de rester **CALME**, tandis que les experts se livraient aux derniers contrôles avant le lancement, mais **une heure plus tard** mes moustaches se tortillaient de stress. **Deux heures plus tard**, mon estomac se mit à danser la samba et mes genoux à jouer des castagnettes. **Trois heures plus tard**, j'étais complètement en vrille, avec les moustaches en **ZIGZAG** et le cœur qui battait la chamade…

Par mille mimolettes, ces trois heures furent les plus **LONGUES** de toute ma vie !

RATOLLO 6

Finalement, depuis la base, le Grand Chef ordonna :

– Équipage : fermeture et verrouillage des visières de vos casques ! Activation des systèmes d'ascension ! Ascension… Lancement !

Il y eut un GRONDEMENT, l'accélération nous écrasa sur nos sièges et je hurlai :

– Au secours, je veux desceeeeeeeeeeendre !

Imperturbable, Zéro Zéro K haussa le SOURCIL gauche et me dit :

– Désolé, Zéro Zéro G, on ne s'arrêtera qu'une fois notre MISSION accomplie (*si nous y survivons, bien sûr !*).

Zéro Zéro V couina :

– À propos, cher Zéro Zéro G, as-tu fait ton TESTAMENT ? *Par mille secrets top secret*, as-tu pensé à ta

SÉPULTURE ? Que dirais-tu d'une belle statue de MARBRE te représentant vêtu en astronaute ?
– Non merci, pas de SCULPTURE en marbre… Mais merci de m'y faire penser, maintenant je suis tout à fait rassuré !
Puis je fermai les yeux en m'agrippant aux accoudoirs du siège, car l'ACCÉLÉRATION m'écrasait de plus en plus et que la tête me tournait… tournait… tournait… tournait… tournait… Je restai ainsi immobile pendant un temps qui me parut interminable, jusqu'à ce que Zéro Zéro K fasse *toc toc* sur la visière de mon casque.

– TOC TOC… Il y a quelqu'un là-dedans ? J'ai une bonne nouvelle : NOUS SOMMES EN ORBITE !
J'ouvris un œil… puis l'autre… Devant moi,

Zéro Zéro K flottait en apesanteur dans l'habitacle !

Sa sœur chicota, ENTHOUSIASTE :

– *Par mille secrets top secret*, Zéro Zéro G, viens voir ! Quel SPECTACLE incroyable !

Je défis mes ceintures et me dépêchai de la rejoindre en NAGEANT comme une grenouille dans une mare. Elle me prit par la patte et, ensemble, nous admirâmes le plus beau spectacle du monde !

Mon CŒUR se remplit de stupeur et je me sentis minuscule dans l'immensité de l'Univers ! Puis je pensai que là, quelque part, se trouvait Sourisia, ma maison et tous mes amis… et une larmichette d'émotion m'échappa. Je me promis SOLENNELLEMENT que, même si je n'étais qu'un petit rongeur trouillard, j'allais jouer mon rôle de mon mieux au sein de ce vaste et MERVEILLEUX Univers.

Notre système solaire

Il est formé de huit planètes qui tournent autour du Soleil et d'environ cent cinquante satellites qui tournent autour des planètes. La Terre est l'une des planètes de ce système et elle aussi tourne autour du Soleil. La regarder depuis l'espace est très émouvant !

J'allais faire tout ce que je pouvais pour SAUVER *ma* Sourisia et *mes* amis !

Je me retournai vers mes deux compagnons : eux aussi paraissaient ÉMUS. Bon, à leur manière : la paupière droite de Zéro Zéro K FRÉMIT légèrement, et la paupière gauche de Zéro Zéro V FRÉMIT à peine !

Zéro Zéro K proposa alors de trinquer et de prendre une petite collation. Il dit avec flegme :

– FÊTONS ça, les enfants, tant qu'il est encore temps… Dans quelques minutes, le bal va commencer !

Puis il ouvrit un PANNEAU automatique et attrapa trois gobelets de concentré de milk-shake à la poire et à l'emmental, réserve spéciale de douze ans d'âge, et trois sachets de GÂTEAU à la crème vanillée et au gorgonzola (*lyophilisé !*). Je me jetai sur le MILK-SHAKE (*je n'avais pas mangé depuis trente-six heures*), j'ôtai le couvercle du gobelet… et le milk-shake me JAILLIT au museau ! Je dus le poursuivre dans tout l'habitacle, où il *FLOTTAIT* comme une grosse bulle moqueuse.

JE VOUS L'AVAIS BIEN DIT : LE BAL VA COMMENCER !

J'en arrivais à me dire que ce n'était pas si mal que ça, de voyager dans l'ESPACE *(même si j'avais dû pourchasser mon milk-shake et que le gâteau lyophilisé avait un goût affreux !)*. Au bout du compte, je m'amusais bien. Et, bientôt, « le bal allait commencer », avait annoncé Zéro Zéro K !

Peut-être aurais-je le courage d'inviter Zéro Zéro V à danser ? Hem, elle est… euh… c'est une rongeuse tout à fait **CHARMANTE**, élégante, spirituelle, gentille. Eh bien, oui, j'avais le béguin, un béguin… *spatial !*

Mais juste à ce moment-là, comme je m'apprêtais à lui proposer une danse, quelque chose heurta Ratollo 6 et je me **COGNAI** le crâne !

SCOUIT, QUELLE DOULEUR !

Après ce premier choc, il y en eut un autre, puis un autre, et encore un autre...

Zéro Zéro K **tonna** :

– Tous à vos postes, nous traversons un essaim d'astéroïdes*. Je vous l'avais bien dit, que le bal allait commencer !

Vous parlez d'une **DANSE** : nous fûmes ballottés de-ci de-là dans tout l'habitacle de l'astronef comme des boules de billard !

* Les astéroïdes sont de petits corps rocheux en orbite dans l'espace, la plupart se trouvent entre Mars et Jupiter.

Dès que nous réussîmes à rejoindre nos sièges, nous attachâmes nos **CEINTURES** de sécurité et tentâmes d'entrer en contact avec la base des **P.S.S.S.T.**

– Ici, Ratollo 6, Ratollo 6 appelle la Terre. Vous nous recevez ? À vous !

Mais, en réponse, on entendit **seulement** :

– Ici, la Terre… *bzzzzzzt krrrrrk bzzzzzt cronk gouizzz krrrrrk…* Faites *krrrrrk bzzzzzt* attent*zzzzzt gouizzzz* dange*krrrrrk…* À vous !

Nous ne **COMPRÎMES** rien ! Et ce furent les derniers mots que nous pûmes échanger avec la base des P.S.S.S.T. !

Pour la première fois depuis que je le connais, Zéro Zéro K me sembla préoccupé lui aussi. Il FRONÇA les deux sourcils et abaissa les coins de sa bouche d'au moins trois millimètres : la situation devait être très grave.

Pourtant, impassible, il annonça :
– Les communications sont INTERROMPUES : le système de transmission est en panne. Dorénavant, nous ne pourrons plus recevoir d'instructions de la base...
– Que... Quoi ? balbutiai-je. Tu-tu-tu veux dire que... que nous sommes tout seuls ? Abandonnés dans l'espace ?
– Je veux dire qu'ils ne pourront pas nous communiquer la position du satellite de ce BANDIT. Et si nous ne le trouvons pas, et que nous ne le désactivons pas au plus vite, nous aurons échoué : Sourisia tombera entre ses pattes... Mais nous ne nous rendrons pas, *par mille amas galactiques* !
Malgré ma terreur, je proposai :
– Nous pourrions essayer de réparer le système de transmission...

– Excellente idée ! s'exclama Zéro Zéro V. Mais lequel d'entre nous sortira pour faire la RÉPARATION ? Zéro Zéro K ne peut pas, car il devra PILOTER manuellement Ratollo 6. Moi non plus, parce que mon casque est endommagé…

Mes amis se retournèrent vers moi et me fixèrent en silence…

Je murmurai :

– Je ne sais pas comment faire… mais si vous m'expliquez, j'essaierai !

C'est ainsi que j'enfilai une combinaison spatiale et que, muni d'une trousse à outils, je m'aventurai à l'extérieur, dans l'espace infini, pour tenter de réparer la panne. Seul un câble de sécurité me reliait à la navette. De l'intérieur de Ratollo 6, Zéro Zéro K me donnait des instructions :

– Plus en haut… plus à droite… plus à gauche… Voilà, tu y es ! Déplace-toi lentement et ne te DÉCROCHE pas du câble, compris ? Sans quoi tu te PERDRAIS dans l'espace !

Je levai les yeux et je vis l'ANTENNE parabolique au-dessus de moi. Le bras mécanique qui servait à l'orienter était CABOSSÉ et tordu. Cela ne semblait pas difficile à réparer : il suffirait de quelques coups de MARTEAU au bon endroit.

Mais quand je voulus m'en approcher, quelque chose me retint : j'avais déroulé tout le câble. Je n'avais pas le choix : pour réparer la panne, je devais me DÉCROCHER.

Je détachai le câble, le fixant à la base de l'antenne. Puis, avec précaution, je me hissai dessus… et j'assénai un puissant coup de

Zéro Zéro G!

marteau. Mais le contrecoup me projeta en arrière et je fus précipité dans le vide.

La navette spatiale poursuivait sa route, inexorable, s'**ÉLOIGNANT** de plus en plus. Mes amis s'étaient-ils aperçus que j'étais perdu dans l'espace ?

J'attendis, avec espoir, que Zéro Zéro K et Zéro Zéro V fassent demi-tour…

Mais rien ne se passa.

Puis je me souvins que Zéro Zéro K s'efforçait de piloter manuellement la navette, sans l'aide de l'ordinateur. Peut-être n'avait-il pas réussi à rebrousser chemin…

En plus de cela, mes amis ne pouvaient pas demander **SECOURS** à la Terre : savoir si mon coup de marteau avait suffi à réparer la panne…

Probablement pas…

Cela n'avait servi à rien : j'avais échoué !

Sourisia était sous la coupe de ce sinistre individu sans scrupule...
Je l'avoue : je me mis à pleurer.
Je pleurai tant que mon casque d'ASTRONAUTE se remplit de larmes : on aurait dit l'aquarium de mon poisson rouge Hannibal !
Puis je fus entraîné par une force ÉTRANGE qui m'attirait vers un ÉTRANGE astéroïde couleur de fromage... ÉTRANGE !

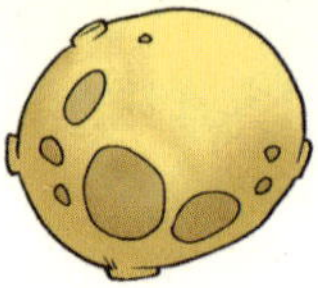

COMME UN NAUFRAGÉ SUR UNE ÎLE DÉSERTE

Je fus littéralement aspiré par cet ÉTRANGE astéroïde couleur de fromage, et je finis par m'y cogner durement l'arrière-train. Cette ÉTRANGE force était incroyablement puissante... ÉTRANGE ! Comment un si petit astéroïde pouvait-il avoir une force de gravité aussi forte ?

Sur le moment, cependant, je n'y pris pas garde : j'étais si content de sentir une surface solide sous mes PATTES au lieu d'errer à la dérive dans l'espace !

LA FORCE DE GRAVITÉ
Pour pouvoir attirer Geronimo avec une telle force, l'astéroïde devrait être grand comme la Lune ! Car la force de gravité d'un objet, sa force d'attraction, dépend de sa masse, c'est-à-dire de la quantité de matière qui le constitue. Mais alors, comment se fait-il que Geronimo soit tombé sur ce minuscule astéroïde-là ? Il y a quelque chose… d'étrange là-dessous !

Je me sentais comme un NAUFRAGÉ sur une île déserte ! Peut-être que, tôt ou tard, un SATELLITE de passage me repérerait… Et qu'on enverrait une expédition pour me ramener à la maison. Plein d'ESPOIR, je me penchai pour embrasser la surface de l'étrange astéroïde. C'est alors que je remarquai autre chose d'étrange : devant moi, camouflés dans le sable, il y avait des BOULONS !

Ce n'était donc pas un véritable astéroïde : il était artificiel ! Ce qui voulait dire que… peut-être… j'allais être **SAUVÉ** !

Et si j'avais découvert un dépôt de vivres (*l'appétit m'était revenu !*) ? Ou un système de secours pour lancer un **S.O.S.** et communiquer ma position ?

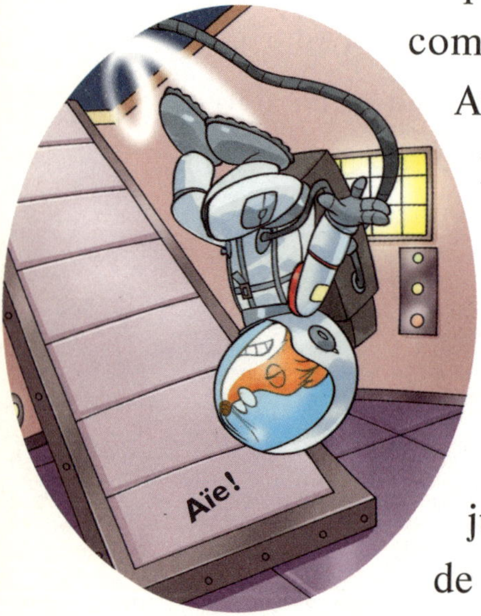

Avec **PRÉCAUTION**, j'entrepris d'explorer le faux astéroïde, mais après quelques pas je m'enfonçai sous la surface et je ROULAI dans l'obscurité le long d'une glissière. Je **REBONDIS**, jusqu'au fond d'une sorte de magasin bourré de grosses boîtes et de curieuses machines.

– **SCOUIIIIIT, QUEL CHOC !**

J'étais encore en train de masser mon arrière-train meurtri, quand devant moi s'ouvrit une porte COULISSANTE : un robot me saisit avec un bras mécanique et me traîna derrière lui en grinçant :

– In-trus cap-tu-ré et fait pri-so-nnier !

Puis il me jeta dans une pièce circulaire où deux rongeurs travaillaient devant un énorme écran.

– Merci, R-51, tu peux y aller maintenant, dit l'un des deux.

Il s'adressa alors à moi :

– Tiens tiens, regardez donc qui vient d'être ATTIRÉ ici grâce à notre Super

Quoiiii?
Hé, hé!

Simulateur gravitationnel ! As-tu apprécié l'effet aspiration, Stilton ?

Lorsqu'il se tourna vers moi, je le reconnus aussitôt : c'était bien cette silhouette-là qui était apparue sur l'ÉCRAN de la base des P.S.S.S.T. ! Plus je les observais, lui et son acolyte, plus j'avais l'impression de connaître ces sinistres individus... Mais bien sûr ! C'était le professeur Mou et sa fille Mouette*, deux scientifiques **MALFAISANTS** !

– Ignoble rat d'ÉGOUT, comment oses-tu !

– Tu peux couiner tant que tu veux, Stilton, nous touchons presque au but ! Mon plan était GÉNIAL : d'abord, j'ai terrorisé les habitants de Sourisia avec une série de cambriolages ; ensuite, je leur ai vendu les antivol satellitaires de la société **FUTIX** (*c'était nous, bien sûr !*). Ainsi, j'ai obtenu le contrôle de tous les ordinateurs de la ville ! Et dans vingt-

* Je raconte ma rencontre avec le professeur Mou et sa fille Mouette dans l'aventure *Neige en juillet, moustaches gelées !*.

deux heures et quinze minutes exactement, j'atterrirai à Sourisia et je raflerai la montagne de LINGOTS d'or que tes nigauds de concitoyens ont rassemblés pour moi. Mais ça n'est pas tout, regarde !

Avec un rictus, il s'approcha d'un clavier et tapa une série de chiffres et de lettres. Une inscription s'afficha sur l'écran :

MÉGA VORTEX ACTIVÉ
TEMPS RESTANT 24 HEURES

– Dès que j'aurai filé avec ma montagne de lingots d'Or, le Méga Vortex videra tous les comptes en banque de Sourisia, il détruira ensuite tous les systèmes informatiques et de télécommunication, et je pourrai FUIR tranquillement. Ah, j'oubliais : dans vingt-quatre heures et trente minutes, tu seras PULVÉRISÉ, et moi, je serai riche, très riche !

Ironique, Mouette ajouta :

– Merci, gros **NIGAUD**, jc mc suis amusée comme une folle à jouer mademoiselle **Faustine des Futaies** !

Après quoi, ils me ligotèrent les pattes et s'en allèrent.

Une voix métallique résonna dans la pièce :

– Au-to-des-truc-tion sa-te-lli-te dans vingt-qua-tre heu-res, on-ze mi-nu-tes, tren-te se-con-des.

AU-TO-DES-TRUC-TION SA-TE-LLI-TE DANS…

La petite voix métallique résonnait à inter-valles réguliers, me terrorisant toujours plus, pendant que les secondes s'écoulaient… J'aurais voulu faire quelque chose, mais quoi ? Pas facile, avec les PATTES attachées… Puis me vient une idée extrasourissante : je me mis à cogner contre les parois métalliques.

BING BING BING !
BING… BING… BING…
BING BING BING !

Trois intervalles brefs, trois longs, trois brefs. C'était le message en morse* signifiant S.O.S. !

* L'alphabet morse est un code international servant à communiquer de manière sonore ou lumineuse.

Je continuai pendant des heures… avant de m'écrouler au sol, épuisé, et de m'**ENDORMIR**. Personne ne pouvait m'entendre.

J'ÉTAIS SEUL.

Seul dans l'espace infini.

Je dormis d'un sommeil troublé par de terribles cauchemars.

Je rêvai même qu'un Martien me tapotait le front avec un TENTACULE… *Toc toc ! Toc toc ! Toc toc !*

Ce *toc toc* sur le front ne cessant pas, je me réveillai en SURSAUT. J'ouvris les yeux et, par bonheur, je ne vis devant moi ni TENTACULES ni Martien (*logique, les Martiens n'existent pas !*). Face à moi se tenaient Zéro Zéro K et Zéro Zéro V. Est-ce que je rêvais encore ?
Je me frottai les YEUX, me pinçai, me tirai une moustache. Et comme cela me fit bien MAL, je compris que j'étais éveillé. Mes amis étaient vraiment venus me sauver !

Je BONDIS sur mes pieds et, pendant que Zéro Zéro K tranchait les cordes qui me liaient les pattes, je m'écriai :

– Merci, mes amis ! Mais comment avez-vous fait pour me RETROUVER ?

– C'est grâce à toi : tu as réussi à réparer l'ANTENNE ! Nous avons ainsi pu recevoir les instructions de la base, repérer la position du satellite de ce bandit et te rejoindre jusqu'ici. Ce fut terrible de te voir disparaître dans l'espace : nous n'espérions plus te revoir… *vivant.*

Puis il se retourna pour ne pas me montrer comme il était ÉMU. Zéro Zéro V poursuivit le récit et je remarquai (*même si elle cherchait à la cacher*) qu'une larme brillait dans ses magnifiques yeux verts :

– Ensuite, tandis que nous explorions en tous

sens le satellite, nous avons perçu des vibrations régulières… c'était un S.O.S. ! Alors, *par mille surmulots spationautes*, nous avons suivi ce SIGNAL, jusqu'à ce que nous trouvions une entrée… et nous voilà !

Juste à ce moment-là, la voix métallique résonna dans la pièce :

– Au-to-des-truc-tion sa-te-lli-te dans qua-tre heu-res, zé-ro mi-nu-te, zé-ro se-con-de.

Je leur expliquai l'horrible plan du professeur Mouche, en concluant sombrement :

– Dans quatre heures, nous serons désintégrés, pulvérisés ou bien réduits en charpie…

Zéro Zéro K sourit (*le coin de sa bouche remonta d'un millimètre*).

– Tout n'est pas joué. Tu oublies que nous sommes des agents du **P.S.S.S.T.** *P.S.S.S.T.*

comme Poltron, Si tu te dégonfles une Seule Seconde, gare à Toi !

Je SOURIS aussi.

– Tu as raison, mon ami, inutile de se décourager. Il faut agir !

Zéro Zéro V sourit à son tour (*le coin de sa bouche remonta d'un millimètre*).

– Laissez-moi faire avec le **Méga Vortex**, je me charge de bloquer ce programme ! En toute modestie, je suis la meilleure programmatrice des P.S.S.S.T.

D'un geste élégant, elle secoua ses vaporeux cheveux roux et s'assit devant l'ordinateur.

Zéro Zéro K et moi, entre-temps, partîmes à la recherche du mécanisme d'**AUTO-DESTRUCTION** pour le désactiver. Nous quadrillâmes toute la surface de l'astéroïde, sans rien trouver !

La situation devenait dramatique...

AU-TO-DES-TRUC-TION SA-TE-LLI-TE DANS...

Il ne nous restait qu'une heure pour neutraliser le Méga Vortex, après quoi nous serions désintégrés, pulvérisés ou bien réduits en charpie… Nous décidâmes de rentrer, en espérant que Zéro Zéro V avait eu plus de chance que nous. Hélas, dès que nous entrâmes dans la pièce, elle nous annonça, impassible (*mais je perçus un léger tremblement dans sa voix*) :

– J'y suis presque arrivée, mais il y a un blocage… Une commande me manque, j'essaie depuis tout à l'heure, mais ça n'avance pas.

Je m'approchai pour la CONSOLER,

AU-TO-DES-TRUC-TION SA-TE-LLI-TE DANS…

oubliant que je portais encore ma combinaison spatiale : je m'**emmêlai** dans mes propres pattes.

Je VACILLAI, cherchant mon équilibre, puis je tombai en travers d'une chaise pivotante : je traversai le laboratoire tel un missile et vins m'APLATIR le museau en plein sur le clavier de Zéro Zéro V, qui bondit en arrière en HURLANT :

– Aaaah !

Je murmurai :

– Oups !

L’ordinateur vrombit : BZZZT ! BZZZT ! BZZZT !

PROGRAMME MÉGA VORTEX
ANNULÉ

Je n'en croyais pas mes yeux : mon **VOL PLANÉ** la tête la première sur le clavier de l'ordinateur avait écrasé les bonnes **TOUCHES** ! Le programme Méga Vortex avait été désactivé et le plan du professeur Mou avait échoué ! Sourisia était sauvée !

Mais alors, *pile à cet instant*, la voix métallique résonna dans la pièce :

– Au-to-des-truc-tion sa-te-lli-te dans zé-ro heu-re, quin-ze mi-nu-tes, zé-ro se-con-de.

Zéro Zéro K haussa les deux sourcils en même temps (*signe d'intense inquiétude*) et dit :

– Oh, oh… Le programme d'autodestruction est toujours en cours, nous ferions mieux de filer d'ici. **TOUS À L'ASTRONEF !!!**

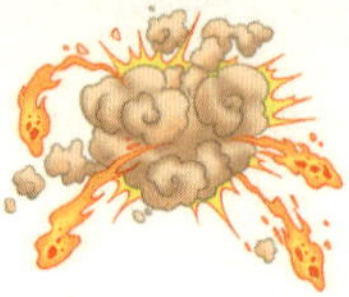

JUSTE À TEMPS !

Nous nous **PRÉCIPITÂMES** hors du laboratoire : heureusement, l'astéroïde était tout petit, et la route n'était pas longue pour rejoindre Ratollo 6.

Nous démarrâmes aussitôt les **MOTEURS** pour décoller aussi vite que possible. En quelques minutes, nous nous éloignâmes de l'astéroïde couleur de fromage…

JUSTE À TEMPS ! Une explosion terrible fracassa la tranquillité de l'espace. C'est alors, *pile à cet instant*, que je me rendis compte que tout était fini. J'étais sauf ! Je ne résistai plus à l'**ÉMOTION**, et… je m'évanouis !

Lorsque je revins à moi, j'étais attaché à

Argh!

mon siège et Zéro Zéro V m'éventait avec un mouchoir *parfumé* à l'essence de mozzarella.

– *Par mille secrets top secret*, tu t'es comporté en héros, en *vrai héros* !

Je répondis, en rougissant :

– Euh… non… euh… ce n'est pas vrai. Je ne suis qu'un rat trouillard. J'ai eu si PEUR… Je me suis même évanoui, tu parles d'un héros, d'un *vrai héros* !

Zéro Zéro K flotta vers moi en soulevant le coin de sa bouche de bien trois millimètres. C'était incroyable, mais on aurait cru qu'il était (*presque*) ENJOUÉ.

– Zéro Zéro G, tout le monde a peur. Y compris moi. Rappelle-toi : **seuls ceux qui parviennent à vaincre leur peur sont de vrais héros.** Ceux qui n'ont jamais peur

sont des inconscients. Et si nous avons sauvé Sourisia, c'est grâce à toi !

Je m'éloignai de quelques pas et tournai les yeux vers l'ÉCRAN de l'ordinateur de bord, sur lequel je vis une séquence du journal télévisé du soir montrant la fuite PRÉCIPITÉE du professeur Mou et de Mouette !

Le journaliste annonça :

« Et ainsi, avec la débâcle des deux mystérieux malfaiteurs, la terrible menace qui pesait sur notre ville a pris fin. L'OR des habitants de Sourisia n'a pas été volé ! De source sûre, nous avons appris que le mérite de cette opération revient aux héros **ANONYMES** des P.S.S.S.T. Nous leur adressons nos sincères remerciements ! »

Puis, sur l'écran, apparut Raternic, mon INSTRUCTEUR, qui ricana :

– Félicitations, BLEUSAILLON, je ne croyais vraiment pas que tu y arriverais (*je n'avais jamais entraîné un rat aussi faiblard que toi !*). S'afficha ensuite le museau du Grand Chef des P.S.S.S.T., qui proclama, solennel :

– Merci, les enfants, mission accomplie ! Nous sommes fiers de vous, surtout de toi, Zéro Zéro G (*nous ne pensions pas que tu survivrais à cette mission et nous avions déjà préparé tes funérailles !*). Et maintenant, ouvrez le panneau secret T.E.B.Q.F.B.

INQUIET à l'idée de me lancer dans une nouvelle mission, je demandai :

– Hem, excusez-moi, Grand Chef, mais que signifie T.E.B.Q.F.B. ? Et pourquoi devons-nous OUVRIR ce panneau ? J'aimerais vraiment rentrer à la maison, prendre un bon bain, dormir… et surtout je voudrais faire enlever les

antivol **FUTIX** que j'ai fait installer partout (*pour pouvoir dormir tranquille !*).
Le Grand Chef **SOURIT** (*il souleva le coin de sa bouche d'un bon millimètre*).
– Ne t'**INQUIÈTE** pas de ça, Zéro Zéro G, nous les avons déjà fait enlever. Il n'y a plus de **RISQUE** de cambriolage à Sourisia ! Tu devrais plutôt te soucier de ton grand-père Honoré : il nous a semblé bien **ÉNERVÉ**. Il dit que tu n'es jamais là quand on a besoin de toi. Allez, ne discute pas les ORDRES. Ouvre le panneau T.E.B.Q.F.B., je t'expliquerai ensuite le sens de cette inscription !
Les pattes tremblantes, j'appuyai sur le **BOUTON** juste au-dessus du panneau T.E.B.Q.F.B. Un déclic se fit entendre, suivi d'un bourdonnement, et du panneau sortirent trois bras articulés qui nous épinglèrent sur

la poitrine une **médaille** d'or du Mérite ratesque, tandis que des haut-parleurs **DIFFUSAIENT** l'hymne de Sourisia !

Et les lettres T.E.B.Q.F.B., me direz-vous, qu'est-ce qu'elles signifient ? C'est très simple : TOUT EST BIEN QUI FINIT BIEN !

Et en effet, les choses n'auraient pas pu aller mieux, parole de Stilton, *Geronimo Stilton* !

VOUS VOULEZ DEVENIR ASTRONAUTE ?

Chers amis rongeurs, vous voulez vous aussi ressentir l'émotion qu'on éprouve en regardant la Terre de l'espace ?
Alors voici la marche à suivre…

Pour devenir astronaute, il faut tout d'abord faire preuve de beaucoup de VOLONTÉ et suivre de longues ÉTUDES. Une fois obtenu un diplôme SCIENTIFIQUE, le bon âge pour commencer le difficile entraînement se situe entre vingt-sept et trente-sept ans.

Il est aussi important de maîtriser parfaitement l'ANGLAIS : les astronautes viennent de pays différents, comme les États-Unis, la Russie et la Chine, et les missions rassemblent souvent des rongeurs de plusieurs nationalités. Il leur faut donc bien parler l'anglais pour pouvoir communiquer entre eux.

Il faut également être en PARFAITE SANTÉ, car l'entraînement est vraiment très difficile !

Enfin, il faut avoir un CARACTÈRE SOCIABLE : les astronautes vivent et travaillent dans des espaces restreints, ils doivent bien s'entendre et avoir l'esprit d'équipe !

Vous pensez avoir l'étoffe d'un astronaute ? Alors bon voyage !

Table des matières

Geronimo Stilton

DANS LA MÊME COLLECTION

1. Le Sourire de Mona Sourisa
2. Le Galion des chats pirates
3. Un sorbet aux mouches pour monsieur le Comte
4. Le Mystérieux Manuscrit de Nostraratus
5. Un grand cappuccino pour Geronimo
6. Le Fantôme du métro
7. Mon nom est Stilton, Geronimo Stilton
8. Le Mystère de l'œil d'émeraude
9. Quatre Souris dans la Jungle-Noire
10. Bienvenue à Castel Radin
11. Bas les pattes, tête de reblochon !
12. L'amour, c'est comme le fromage...
13. Gare au yeti !
14. Le Mystère de la pyramide de fromage
15. Par mille mimolettes, j'ai gagné au Ratoloto !
16. Joyeux Noël, Stilton !
17. Le Secret de la famille Ténébrax
18. Un week-end d'enfer pour Geronimo
19. Le Mystère du trésor disparu
20. Drôles de vacances pour Geronimo !

21. Un camping-car jaune fromage
22. Le Château de Moustimiaou
23. Le Bal des Ténébrax
24. Le Marathon du siècle
25. Le Temple du Rubis de feu
26. Le Championnat du monde de blagues
27. Des vacances de rêve à la pension Bellerate
28. Champion de foot!
29. Le Mystérieux Voleur de fromage
30. Comment devenir une super souris en quatre jours et demi
31. Un vrai gentilrat ne pue pas!
32. Quatre Souris au Far West
33. Ouille, ouille, ouille... quelle trouille!
34. Le karaté, c'est pas pour les ratés!
35. L'Île au trésor fantôme
36. Attention les moustaches... Sourigon arrive!
37. Au secours, Patty Spring débarque!
38. La Vallée des squelettes géants
39. Opération sauvetage
40. Retour à Castel Radin
41. Enquête dans les égouts puants
42. Mot de passe: Tiramisu
43. Dur dur d'être une super souris!
44. Le Secret de la momie
45. Qui a volé le diamant géant?
46. À l'école du fromage
47. Un Noël assourissant!
48. Le Kilimandjaro, c'est pas pour les zéros!
49. Panique au Grand Hôtel
50. Bizarres, bizarres, ces fromages!
51. Neige en juillet, moustaches gelées!
52. Camping aux chutes du Niagara
53. Agent secret Zéro Zéro K
54. Le Secret du lac disparu
55. Kidnapping chez les Ténébrax!
56. Gare au calamar!
57. Le vélo, c'est pas pour les ramollos!
58. Expédition dans les collines Noires
59. Bienvenue chez les Ténébrax!
60. La Nouvelle Star de Sourisia

61. Une pêche extraordinaire !
62. Jeu de piste à Venise
63. Piège au Parc des mystères
64. Scoops en série à Sourisia
65. Le Secret du karaté
66. Le Monstre du lac Lac

Et aussi...

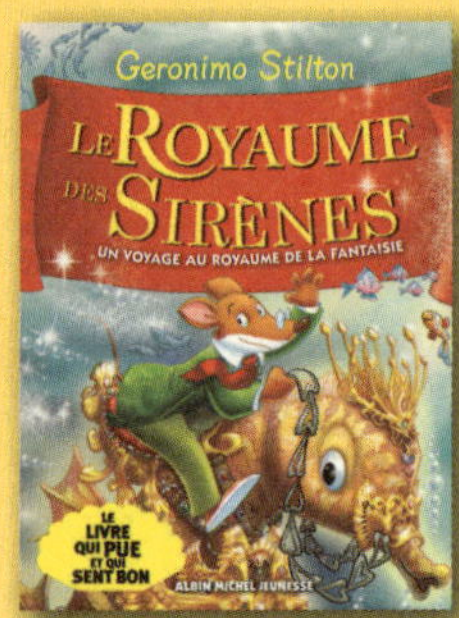

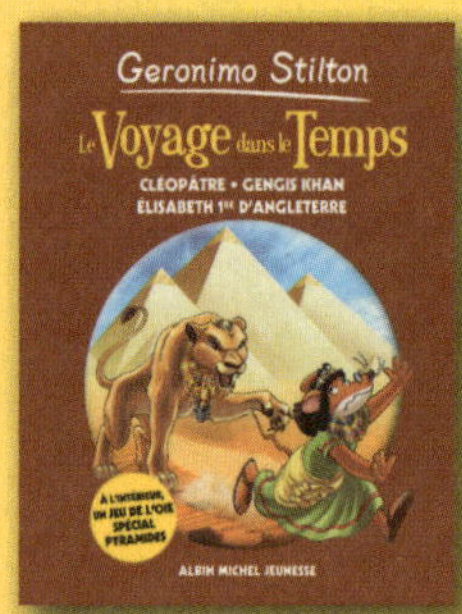

Le Voyage dans le temps tome I
Le Voyage dans le temps tome II
Le Voyage dans le temps tome III
Le Voyage dans le temps tome IV
Le Royaume de la Fantaisie
Le Royaume du Bonheur
Le Royaume de la Magie
Le Royaume des Dragons
Le Royaume des Elfes
Le Royaume des Sirènes
Le Secret du courage
Énigme aux jeux Olympiques

Les Préhistos
1. Pas touche à la pierre à feu !
2. Alerte aux météorites sur Silexcity !
3. Des stalactites dans les moustaches !
4. Au trot, trottosaure !

1. Entrée
2. Imprimerie (où l'on imprime les livres et le journal)
3. Administration
4. Rédaction (où travaillent les rédacteurs, les maquettistes et les illustrateurs)
5. Bureau de Geronimo Stilton
6. Piste d'atterrissage pour hélicoptère

1
2
3
4
5
6
7
8
9
10
11
12
13
14
15
16
17
18
19
20
21
22
23
24
25
26
27
28
29
30
31
32
33
34
35
36
37
38
39
40
41
42
43
44
45
46
Fleuve Souris
Plage

Sourisia, la ville des Souris

1. Zone industrielle de Sourisia
2. Usine de fromages
3. Aéroport
4. Télévision et radio
5. Marché aux fromages
6. Marché aux poissons
7. Hôtel de ville
8. Château de Snobinailles
9. Sept collines de Sourisia
10. Gare
11. Centre commercial
12. Cinéma
13. Gymnase
14. Salle de concerts
15. Place de la Pierre-qui-Chante
16. Théâtre Tortillon
17. Grand Hôtel
18. Hôpital
19. Jardin botanique
20. Bazar des Puces-qui-boitent
21. Maison de tante Toupie et de Benjamin
22. Musée d'Art moderne
23. Université et bibliothèque
24. La Gazette du rat
25. L'Écho du rongeur
26. Maison de Traquenard
27. Quartier de la mode
28. Restaurant du Fromage d'or
29. Centre pour la Protection de la mer et de l'environnement
30. Capitainerie du port
31. Stade
32. Terrain de golf
33. Piscine
34. Tennis
35. Parc d'attractions
36. Maison de Geronimo Stilton
37. Quartier des antiquaires
38. Librairie
39. Chantiers navals
40. Maison de Téa
41. Port
42. Phare
43. Statue de la Liberté
44. Bureau de Farfouin Scouit
45. Maison de Patty Spring
46. Maison de grand-père Honoré

Île Corsaire
Vers le détroit du Rapt-à-Rat
Ici passent les baleines
Île Tortue
Galion des chats pirates
Atoll des îles Bienheureuses
Baie des Dauphins
Golfe de la Dent cariée
Archipel d'Égout putride
Barrière de corail
Port-Relent
Vers l'océan Ratonique méridional
Rade du Chat errant
Port-Beurk
Roquefort
Port-Souris
Ici, requins !
Vers la mer des Vibrisses vibrants
SOURISIA
Port-Croûton
Phare Pelliculeux
Île Épilée
ÎLE DES SOURIS
Épave affleurant
Vers la mer des Sourgasses
1
2
3
4
5
6
7
8
9
10
11
12
13
14
15
16
17
18
19
20
21
22
23
24
25
26
27
28
29
30
31
32
33
34
35
36
37
N
S

Île des Souris

1. Grand Lac de glace
2. Pic de la Fourrure gelée
3. Pic du Tienvoiladéglaçons
4. Pic du Chteracontpacequilfaifroid
5. Sourikistan
6. Transourisie
7. Pic du Vampire
8. Volcan Souricifer
9. Lac de Soufre
10. Col du Chat Las
11. Pic du Putois
12. Forêt-Obscure
13. Vallée des Vampires vaniteux
14. Pic du Frisson
15. Col de la Ligne d'Ombre
16. Castel Radin
17. Parc national pour la défense de la nature
18. Las Ratayas Marinas
19. Forêt des Fossiles
20. Lac Lac
21. Lac Lac Lac
22. Lac Laclaclac
23. Roc Beaufort
24. Château de Moustimiaou
25. Vallée des Séquoias géants
26. Fontaine de Fondue
27. Marais sulfureux
28. Geyser
29. Vallée des Rats
30. Vallée Radégoûtante
31. Marais des Moustiques
32. Castel Comté
33. Désert du Souhara
34. Oasis du Chameau crachoteur
35. Pointe Cabochon
36. Jungle-Noire
37. Rio Mosquito

Au revoir, chers amis rongeurs, et à bientôt pour de nouvelles aventures.
Des aventures au poil, parole de Stilton, de…

Geronimo Stilton